Wilhelm Hertz

Aucassin und Nicolette

Altfranzösischer Roman aus dem 13. Jahrhundert

Wilhelm Hertz

Aucassin und Nicolette

Altfranzösischer Roman aus dem 13. Jahrhundert

ISBN/EAN: 9783743486799

Hergestellt in Europa, USA, Kanada, Australien, Japan

Cover: Foto ©ninafisch / pixelio.de

Manufactured and distributed by brebook publishing software (www.brebook.com)

Wilhelm Hertz

Aucassin und Nicolette

Aucassin und Nicolette.

Altfranzösischer Roman
aus dem 13. Jahrhundert,

übersetzt von

Dr. Wilhelm Hertz.

Zweite Auflage.

Troppau.
Verlag von H. Kolck.

Meinem lieben Freunde

Adolf Mussafia

gewidmet.

Aucassin und Nicolette.

Aucassin und Nicolette.

Wer beim Lied vergang'ner Zeit
Gern sein Ohr dem Sänger leiht,
Dem ergötze Herz und Sinn
Nicolette und Aucassin.
Wie der Jungherr stritt in Pein
Um sein liebes Jungfräulein
Mit dem klaren Angesicht, —
Anmutvoll ist der Bericht,
Wohlgebaut und edel gar,
Niemand lebt so freudenbar,
So bedrängt von Angst und Not,
Krank von Leiden auf den Tod,
Den mein Lied nicht macht gesund,
Daß er jauchzt von Herzensgrund, —
    Also lieblich klingt es.
Nun wird gesprochen und erzählt:
Graf Bougar von Valence führte mit dem Grafen Garin von Beaucaire einen so großen,

erstaunlichen blutigen Krieg, daß nicht ein Tag anbrach, an dem er nicht vor die Thore, Mauern und Schlagbäume der Stadt kam mit 100 Rittern und 10000 Knechten zu Fuß und Roß und jenem das Land schädigte, seine Felder verheerte und seine Leute schlug. Der Graf Garin von Beaucaire war alt und gebrechlich, und seine Zeit war um. Er hatte keinen Erben, nicht Sohn noch Tochter, als einen einzigen Knaben. Dieser war also, wie ich euch sage: Aucassin hieß der Jungherr; schön war er, adlich, groß und wohlgebaut an Beinen, Füßen, Leib und Armen; er hatte blonde, feingelockte Haare, blaue lachende Augen, ein klares einnehmendes Gesicht, eine hohe wohlstehende Nase, und so reich war er mit guten Eigenschaften begabt, daß an ihm keine schlimme zu finden war. Aber so bezwungen war er von der Liebe, die Alles überwältigt, daß er weder Ritter sein, noch die Waffen ergreifen wollte, noch ein Turnier besuchen, noch irgend etwas thun, was er gesollt hätte.

Sein Vater und seine Mutter sagten ihm: Sohn, nimm Deine Waffen und steige zu Roß, vertheidige Dein Land, und hilf Deinen Mannen! Wenn sie dich unter sich sehen, werden sie besser

Leib und Habe, Dein Land und das unsere be=
schirmen. — Vater, sprach Aucassin, was redet
Ihr also? Traun, Gott soll mir nichts gewähren,
um was ich ihn bitte, so ich jemals Ritterschaft
übe, zu Rosse steige oder in Sturm und Schlacht
ziehe, um einen Ritter zu schlagen, oder ein
anderer mich, wenn Ihr mir nicht Nicolette gebt,
mein süßes Mädchen, das ich von Herzen liebe.
— Sohn, sprach der Vater, das kann nicht sein!
Laß von Nicolette, denn sie ist eine Gefangene,
die aus fremden Landen hergebracht wurde; von
Sarazenen kaufte sie der Vizgraf dieser Stadt
und führte sie hieher. Er erzog sie, und taufte
sie, und machte sie zu seiner Pathe und wird sie
seiner Zeit einem jungen Mann vermählen, der
ihr ein ehrlich Brod verdiene. Damit hast Du
nichts zu schaffen! Wenn Du ein Weib willst, so
gebe ich Dir die Tochter eines Königs oder Grafen.
Kein so mächtiger Mann lebt in Frankreich, dessen
Tochter Du nicht haben kannst, wenn Du sie be=
gehrst. — Ach, Vater, sprach Aucassin, welche
noch so hohen Ehren würden nicht nach Würdig=
keit an Nicolette, mein süßes Lieb' gewandt?
Und wenn sie Kaiserin hieße von Constantinopel
oder von Deutschland oder Königin von Frank=

reich und England, so wäre dieß noch zu wenig für sie, so edel und hold und freundlich ist sie und begabt mit allen guten Gaben. —

3. Nun wird gesungen:

Aucassin war von Beaucaire,
Einem Schlosse reich an Ehre.
Keinem Rathe wollt es glücken,
Ihn der Minne zu entrücken.
Seine stolzen Eltern beide
Drohten ihm in Zorn und Leide:
Thor, bei Gott, wo denkst Du hin?
Trägst du Nicolette im Sinn,
Die dereinst von Räuberschiffen
Bei Carthago aufgegriffen
Und verkauft ward über Meer?
Steht zum Weibe Dein Begehr,
Denk' an Töchter edler Herrn! —
Nein doch, Mutter, das sei fern!
Nicolette ist schön und licht,
Hold von Leib und Angesicht;
Daß ihr Herz in meinem ruht,
Das bedünkt mich recht und gut
  Ihrer Anmut willen.
Nun wird gesprochen und erzählt.

9. Als der Graf Garin von Beaucaire sah, daß er seinen Sohn Aucassin nicht von der Liebe zu Nicolette abbringen konnte, ging er zum Vizgrafen der Stadt, der sein Mann war, und redete ihn also an: Herr Graf, entfernt Nicolette, Eure Pathe! Verflucht sei das Land, aus dem sie hergeführt wurde in diese Gegend! denn durch sie verliere ich Aucassin, der kein Ritter sein, noch irgend thun will, was ihm ziemte. Und wisset wohl, wenn ich ihrer habhaft würde, wollte ich sie im Feuer verbrennen, und Ihr selber dürftet um Euch in allen Sorgen sein! — Herr, sagte der Vizgraf, lang ängstet's mich, daß er zu ihr geht und mit ihr redet. Ich habe sie von meinem Gelde gekauft, habe sie erzogen und getauft und zu meiner Pathe gemacht und hätte ihr einen jungen Mann gegeben, der ihr ein ehrlich Brod verdiente. So hätte Aucassin, Euer Sohn, nichts mit ihr zu schaffen. Aber da es Euer Wunsch und Wille ist, so werde ich sie in ein solches Land schicken, daß er sie nimmer mit Augen sehen soll. — Seid auf Eurer Hut, sprach der Graf Garin, sonst könnte Euch großes Leid daraus erwachsen! — Damit schieden sie.

Der Vizgraf aber war ein sehr reicher Mann

und hatte einen prächtigen Palast mit einem Garten auf der Rückseite. Dort ließ er Nicolette in eine Kammer des obern Stockwerks bringen und eine Alte mit ihr zur Gesellschaft und Kurzweil; auch Brod, Fleisch und Wein ließ er hintragen, und was ihnen sonst von Nöthen war. Dann ließ er die Thüre versiegeln, daß man von keiner Seite herein noch heraus kommen mochte. Nur ein Fensterchen ging nach hinten in den Garten, durch das ihnen ein wenig frische Luft zukam.

Nun wird gesungen:

Nicolette in Sorg' und Jammer
Saß gefangen in der Kammer;
Die war zierlich überdacht,
Reich an bunter Bilderpracht.
Auf des Fensters Marmelstein
Stützte sich das Mägdelein.
Goldig war ihr Lockenhaar,
Feingeschweift der Brauen Paar,
Klar und reizend ihr Gesicht,
Schön're Jugend saht ihr nicht.
Draußen in des Gartens Grün
Schaute sie der Rosen Blüh'n,

Vöglein sangen hell im Tann,
Das verlaff'ne Kind begann:
Weh mir, weh, daß ich gefangen!
Welche Schuld hab ich begangen?
Aucassin, mein süßer Knabe,
Weil ich Deine Liebe habe,
Und mein Herz Dir zugewandt,
Deßhalb sitz' ich hier verbannt,
Um in stillen Kerkermauern
Meine Tage zu vertrauern,
Aber bei dem heil'gen Christ,
Wenn das Glück mir günstig ist,
    Komm ich bald von hinnen.

Nun wird gesprochen und erzählt:

Nicolette saß, wie ihr gehört und vernommen habt, in der Kammer gefangen. Aber das Gerücht und die Sage ging durch die ganze Gegend und das ganze Land, daß Nicolette verschwunden sei. Die Einen sagten: sie ist in die Fremde geflohen, die Andern: der Graf Garin von Beaucaire hat sie morden lassen. Wenn sich aber Jemand darüber freute, so war dieß Aucassin gewiß nicht. Er ging zum Vizgrafen der Stadt und fragte ihn: Herr Vizgraf, was habt Ihr mit Nicolette gemacht, meinem süßen Lieb, die ich vor allen Dingen auf Erden theuer halte? Habt Ihr sie mir geraubt und entführt? Wisset wohl, daß, wenn ich darüber sterbe, man Euch zur Verantwortung ziehen wird, und das mit Recht, denn Ihr habt mich mit Euren eigenen Händen getödtet, als Ihr mir das Liebste nahmt, was ich auf dieser Welt mein nannte. — Holder Herr, sprach der Graf, laßt diese Rede! Nicolette ist eine Gefangene, welche ich aus fremden Landen mitbrachte. Ich kaufte sie mit meiner Habe von Sarazenen, und erzog sie, und taufte sie und machte sie zu meiner Pathe. Ich habe sie ernährt, und hätte ihr seiner Zeit einen jungen Mann gegeben, der ihr ein ehrlich Brod verdiente. Damit habt Ihr nichts zu schaffen, sondern nehmt Euch die Tochter eines Königs oder Grafen. Uebrigens was Ihr auch etwa meint, gewonnen zu haben, wenn Ihr sie je verführt und in Euer Bett gebracht habt, so würdet Ihr doch nicht mehr damit erreicht haben, als daß Eure Seele darum durch alle Tage der Zeit in der Hölle wäre, und daß Ihr nie einkämet in's Paradies! — Was habe ich im Paradies zu thun? Ich will gar nicht hinein, wenn ich nur Nicolette habe, mein süßes Mädchen, das ich von Herzen liebe. In's Paradies kommen nur solche Leute, wie ich Euch sagen will: dahin kommen jene alten Pfaffen und jene alten Krüppel und Lahmen, die Tag und Nacht vor den Altären, und in den alten Krypten umherkriechen, die mit den alten abge= schabten Kutten und zersetzten Lumpen, die nackt und barfuß und voll Geschwüren sind und vor Hunger und Durst, Kälte und Elend sterben. Die kommen in's Paradies, mit ihnen habe ich nichts zu thun. Aber in die Hölle will ich gehen, denn in die Hölle kommen die weisen Meister und die schönen Ritter, die gefallen sind in Tur= nieren und in gewaltigen Kriegen, die guten Knappen und die freien Mannen; mit diesen will ich gehen. Auch kommen dahin die schönen höfischen Damen, die neben ihrem Herrn zwei oder drei Freunde hatten. Auch geht dahin das Gold und das Silber, Pelz und Grauwerk. Auch gehen dahin Harfner und Sänger und die Könige der Welt. Mit diesen will ich gehen, aber Nico= lette, mein süßes Lieb, muß bei mir sein. — Traun, sprach der Vizgraf, umsonst redet Ihr von ihr, denn nie sollt Ihr sie wiedersehn! Und wenn Ihr mit ihr sprächet und Euer Vater erführe es, so würde er mich und sie im Feuer verbrennen, und Ihr selber dürftet in allen Sorgen sein. — Das jammert mich, sprach Aucassin und schied vom Vizgrafen tief bekümmert.

Nun wird gesungen:

Heim ging Aucassin der arme
Um sein Lieb in tiefem Harme.
Ach, sein schweres Leid zu wenden,
Weiß ihm Niemand Rath zu spenden,
Weiß ihm Niemand Trost zu leih'n.
Zum Palaste trat er ein,
Stieg die Treppen auf im Gram,
Bis er in sein Zimmer kam.
Dort mit Seufzern und mit Thränen
Klagt er laut in herbem Sehnen:
Nicolette, mein junges Leben,
Hold im Nehmen, hold im Geben,
Lieb dem Aug' und lieb dem Herzen,
Traulich Kosen, traulich Scherzen,
Süßes Küssen, süß Umfahn, —
Mir ist weh um Dich gethan!
Solcher Kummer ist mein Gast,
Daß mir Licht und Luft verhaßt,
  Schwester, holdes Liebchen!

§ 8. Nun wird gesprochen und erzählt:

Während Aucassin in seinem Zimmer war und um Nicolette seine Geliebte klagte, war der Graf von Valence, der seinen Krieg zu fördern dachte, nicht müssig. Er hatte seine Mannen zu Fuß und zu Roß aufgeboten und zog vor die Burg, um sie zu stürmen. Da erhob sich Geschrei und Waffenlärm, Ritter und Knechte waffneten sich, und liefen zu den Thoren und Mauern, um die Burg zu schirmen. Die Bürger stiegen auf die Umgänge der Zinnen, und schleuderten Steinblöcke und gespitzte Pfäle hinunter. Doch indeß sich der Kampf gewaltig und allgemein entspann, ging der Graf Garin von Beaucaire in das Zimmer, wo Aucassin um Nicolette, sein liebes Mädchen, klagte. Ha Sohn, sprach er, wie jämmerlich und elend bist Du, daß Du zuschaust, wenn man Deine Burg auf's stärkste bestürmt! Wisse, daß Du erbelos bist, wenn Du sie verlierst! Sohn, nimm Deine Waffen, spring zu Roß und schirme Dein Land, hilf Deinen Mannen und geh in den Kampf! So wirst Du Keinen schlagen. Wenn sie Dich nur bei sich sehen, werden sie besser Habe und Leben, Dein Land und das meine beschirmen. Du bist so groß und stark, daß Du es wol thun kannst, und Du sollst es thun. — Vater, sprach Aucassin, was redet Ihr da? Gott soll mir nichts gewähren, um was ich ihn bitte, so ich jemals Ritterschaft übe, zu Rosse steige und in die Schlacht ziehe, um einen Ritter zu schlagen, oder ein Anderer mich, wenn Ihr mir nicht Nicolette gebt, mein süßes Mädchen, das ich von Herzen liebe. — Sohn, sprach der Vater, das kann nicht sein! Eher will ich erbelos werden und Alles verlieren, was ich besitze, als daß ich sie Dir zum Weib und Ehegemal gebe. -- Damit wandte er sich ab. Doch Aucassin, als er ihn gehen sah, rief ihn zurück. Vater, sprach Aucassin, komm her! Ich will Dir einen guten Vorschlag machen! — Und welchen, lieber Sohn? — Ich will die Waffen ergreifen und in die Schlacht ziehen unter der Bedingung, daß, so Gott mich heil und gesund heimkehren läßt, Ihr mich Nicolette, mein süßes Lieb, nur so lange sehen laßt, bis ich zwei oder drei Worte mit ihr gesprochen und sie ein einzig Mal geküßt habe. — Ich bins zufrieden, sprach der Vater: Er gab ihm sein Wort, und Aucassin ward fröhlich.

Nun wird gesungen:

Durch den Kuß, der ihm gewährt,
Wenn vom Kampf er wiederkehrt,
Ward der Held so kühn und stolz, —
Hunderttausend Lasten Golds
Deuchten schlechter ihn zur Stund,
Als ein Kuß von ihrem Mund.
Und sein Stahlhemd läßt er bringen
Mit verflocht'nen Doppelringen,
Schnallt den Helm von Steinen klar
Auf sein wallend Lockenhaar,
Nimmt das Schwert mit gold'nem Knauf,
Springt auf's Roß im schnellen Lauf,
Faßt den Schild und hebt den Speer,
Seine Füße richtet er,
Daß sie fest im Bügel sitzen,
Seine hellen Augen blitzen,
Und im Sinn der Liebsten Bild
Sprengt er nach dem Kampfgefild.
Willig stürmt sein treues Thier
Durch das Thor voll Streitbegier,
Wo die Schlacht entbronnen.

Nun wird gesprochen und erzählt:

Aucaſſin ſaß gerüſtet zu Roß, wie ihr gehört und vernommen habt. Gott, wie gut ſaß ihm der Schild am Hals, der Helm auf dem Haupt und das Schwertgehäng an der linken Hüfte! Der Jungherr war groß, ſtark, ſchön, ablich und wohlgebaut, der Hengſt, auf dem er ſaß, war ſchnell und flüchtig, und er lenkte ihn gerade durch das Thor. Aber meint ihr, daß er daran dachte, Ochſen, Kühe oder Ziegen zu rauben, daß er einen Ritter ſchlage oder ein anderer ihn? Nicht im Geringſten, daran dachte er nicht, ſondern er war ſo in Gedanken an Nicolette ſein ſüßes Lieb verloren, daß er ganz der Zügel vergaß und alles deſſen, was er hätte thun ſollen. Das Roß aber, das die Sporen gefühlt hatte, trug ihn in's Gebränge und ſtürzte ſich mitten unter die Feinde. Dieſe legten Hand an ihn von allen Seiten, entriſſen ihm Schild und Lanze, entführten ihn eiligſt als Gefangenen und beriethen ſich ſchon, welchen Tod ſie ihn ſterben laſſen wollten. Aucaſſin hörte dieß. — Ha Gott! ſprach er, lieber Himmel, das ſind meine Todfeinde, die mich davon führen und mir den Kopf abhauen wollen. Doch, wenn mir der Kopf abgehauen ist, kann ich ja niemehr mit Nicolette, meinem süßen Mädchen, reden. Noch habe ich ein gutes Schwert, und sitze auf einem guten, frischen Rosse, und wehre ich mich jetzt nicht um ihretwillen, so mag Gott sie verlassen, wenn sie mich ferner liebt! — Der Jungherr war groß und stark und das Roß gewandt, darauf er saß, und er legte Hand an's Schwert und begann nach rechts und links um sich zu hauen, spaltete Helme und Nasenstangen, Schultern und Arme, und richtete um sich her ein Blutbad an wie der Eber, den die Hunde im Forst anfallen. Zehn Ritter erschlug er und verwundete sieben, hieb sich mit Gewalt durch's Gedränge und kam im Galopp zurückgesprengt, das Schwert in der Hand. Der Graf Bougar von Valence hatte gehört, daß man seinen Feind Aucassin hängen wolle, und kam eben daher. Aucassin erkannte ihn wohl und hieb ihn mit dem Schwerte durch den Helm in's Haupt, daß er betäubt zu Boden stürzte. Aucassin aber reckte die Hand aus, ergriff ihn und führte ihn weg an der Nasenstange seines Helmes, und überlieferte ihn seinem Vater. — Vater, sprach Aucassin, seht hier Euren Feind, der Euch so lange bekriegt und so viel beschädigt hat. Zwanzig

Jahre dauerte diese Fehde, und Niemand als ich hat sie zu Ende gebracht. — Lieber Sohn, sagte der Vater, vollbringe Deine Erstlingsthaten, wie dirs geziemt, und prahle nicht mit thörichten Reden! — Vater, sprach Aucassin, erspart Euch diese Predigt und haltet mir Euer Versprechen! — Ei, welches Versprechen, lieber Sohn? — Wie Vater, habt Ihr es vergessen? Bei meinem Haupte, vergesse es, wer da will, — ich vergesse es nicht, denn es liegt mir gar sehr am Herzen. Habt Ihr mir nicht gelobt, daß Ihr mich, wenn ich die Waffen ergreife und in den Kampf ziehe, und mich Gott heil und gesund zurück bringe, Nicolette, mein süßes Lieb, so lange sehen lassen wollet, bis ich zwei oder drei Worte mit ihr gesprochen und sie ein einzig Mal geküßt habe? Das gelobtet Ihr mir, und ich verlange, daß Ihr es haltet! — Ich? sprach der Vater, Gott soll mich verlassen, wenn ich Dir dies Versprechen halte! Wenn sie hier wäre, würde ich sie im Feuer verbrennen, und Du selber dürftest in allen Sorgen sein. — Ist das Euer letztes Wort? sprach Aucassin. — So wahr mir Gott helfe sprach der Vater, ja! — Traun, sprach Aucassin, es schmerzt mich, daß ein Mann von Eurem

Alter lügt. Graf von Valence, sprach er, ich habe Euch gefangen. Ist es nicht so? — Wahrlich, Herr! Ach wahrlich, sprach der Graf. — Reicht mir Eure Hand! sprach Aucassin. — Herr, gerne! sprach der Graf, und legte seine Hand in die Aucassins. — Gelobt mir, sprach dieser, daß Ihr keinen Tag Eures Lebens unterlassen wollt, meinem Vater Schmach anzuthun und ihn an Leib und Habe zu schädigen, so viel Ihr vermögt! — Herr, um Gott! sprach jener, treibt nicht Euer Gespött mit mir, sondern setzt mir ein Lösegeld! Was Ihr auch verlangen wollt, Gold und Silber, Rosse und Zelter, Pelz und Grauwerk, Hunde und Federspiel, ich will es Euch geben. — Wie? sprach Aucassin, ei, gebt Ihr nicht zu, daß ich Euch zum Gefangenen gemacht habe? — Herr, ja doch! sprach der Graf Bougar. — So helfe mir Gott, sprach Aucassin, wenn Ihr mir dies nicht gelobt, soll Euer Haupt vom Rumpfe fliegen. — In Gottes Namen, sprach jener, ich gelobe Euch, so viel Euch gefällt! — Er gab ihm sein Wort darauf, und Aucassin ließ ihn auf ein Roß steigen, stieg selber auf ein anderes und geleitete ihn, bis er in Sicherheit war.

Nun wird gesungen:

Als da sah der Graf Garin,
Daß der Jungherr Aucassin
Ohne Wanken seinem Lieb,
Nicoletten treu verblieb,
Zürnt' er so, daß in's Verließ
Er den eig'nen Sohn verstieß,
Und in tiefe Kerkernacht
Ward Jung Aucassin gebracht.
Wie er sich begann zu grämen,
Sollt ihr von ihm selbst vernehmen:
Nicolette, Lilienblüte,
Herzenslieb von reiner Güte,
Süßer labst Du Mut und Kraft
Als der reifen Traube Saft,
Süßer bist du tausendmal
Als der Würzwein im Pocal!
Jüngst aus Limosin, der Stadt,
Kam ein Pilger krank und matt.
Schlimme Noth hat ihn getroffen,
Und er lag hier sonder Hoffen
Schmerzenreich und sorgenschwer.
Da kamst Du des Wegs daher,
Hobest just vor einer Treppe

Deines Pelzgewandes Schleppe, —
Und der Mann, dem Tode nah,
Als er Deine Füßchen sah,
Ward er froh im Herzensgrund
Und genas zur selben Stund.
Rüstig zog er aus dem Thor,
Heil und frisch wie nie zuvor. —
Lilje rein und wohlgethan,
Hold im Geh'n und hold im Nahn,
Lieb dem Ohr und Lieb dem Herzen,
Traulich Spielen, traulich Scherzen,
Süßes Küssen, süß Umfassen, —
Wer kann solchen Liebreiz hassen?
Da mein Herz nicht von Dir ließ,
Sitz ich tief im Thurmverließ,
Wo mein Leiden kommt zum Schluß,
Weil im Gram ich sterben muß,
   Lieb, um Deinetwillen!

Nun wird gesprochen und erzählt:

Aucassin war im Gefängniß, wie ihr gehört und vernommen habt, und Nicolette ihrerseits war in der Kammer eingeschlossen. Es war zur Sommerzeit, im Monat Mai, wo die Tage warm, lang und klar sind, und die Nächte still und heiter. Eines Nachts lag Nicolette in ihrem Bette und sah den Mond hell durch das Fenster scheinen und hörte die Nachtigall im Garten schlagen und gedachte Aucassins, ihres Freundes, den sie von Herzen liebte. Auch begann sie zu überdenken, wie der Graf Garin von Beaucaire sie so töblich hasse und ihr schwante, daß man sie über kurz oder lang an den Grafen verrathen und dieser sie eines schlimmen Todes sterben lassen werde. Als sie nun merkte, daß die Alte, die sie bei sich hatte, im Schlaf lag, stand sie auf und kleidete sich in ein schönes seidenes Obergewand. Darauf nahm sie die Bettlinnen und die Handtücher und knüpfte sie an einander, machte so ein Seil daraus so lang als sie konnte, schlang es um den Fensterpfeiler und ließ sich hinab in den Garten. Dann nahm sie den Saum ihres Kleides mit der einen Hand vorne, mit der andern hinten auf, schürzte sich so vor dem Thau, der reichlich auf dem Grase lag, und gieng den Garten hinab. Sie hatte blonde feingelockte Haare, blaue, lachende Augen, ein reizendes Angesicht, eine hohe wohlstehende Nase, die zarten Lippen röther als Kirschen und Rosen zur Sommerzeit, die Zähne weiß und klein. Ihr Busen war klein und hart und schwellte ihr Gewand nicht höher, als wenn es zwei Wallnüsse wären. Sie war schlank um die Hüften, daß ihr sie mit euren beiden Händen hättet umspannen können, und die Maßliebchen, die sie mit den Zehen brach, und die ihr oben auf den Fuß fielen, waren ganz schwarz gegen ihre Füße und Beine, so weiß war das Mägblein. Sie kam an die Gartenthüre, öffnete sie und ging hinaus durch die Straßen von Beaucaire; dabei hielt sie sich im Schatten, denn der Mond leuchtete ganz hell. Sie lief so lange, bis sie zu dem Thurm kam, wo ihr Geliebter eingeschlossen war. Der Thurm aber hatte da und dort Risse. Sie schmiegte sich hinter einen Strebepfeiler, wickelte sich in ihren Mantel und legte das Haupt in eine Spalte des uralten Thurms. Da hörte sie Aucassin, wie er drinnen weinte und große Klage erhob und um sein süßes Mädchen jammerte. Und als sie ihm lang genug zugehört hatte, begann sie zu reden.

Nun wird gesungen:

Nicolette schmiegte dicht
An den Pfeiler ihr Gesicht,
Sie vernahm des Freundes Jammern
Drunten in des Thurmes Kammern
Und hub an und fragte ihn:

„Edler Freund, Herr Aucassin,
Schöner Jüngling reich an Ehren,
Sagt, was frommen Eure Zähren,
Die um meinetwillen fließen?
Nimmer sollt Ihr mein genießen!
Euer Vater stößt mich aus,
Er und Euer ganzes Haus.
Drum will ich von diesem Strand
Fliehen in ein fremdes Land."
Eine Locke schnitt die Holde
Aus der Flechten reinem Golde,
Warf sie nieder und der Knabe
Nahm entzückt die liebe Gabe,
Küßt' und herzte sie vor Lust
Und verbarg sie auf der Brust.
Doch von Neuem hub er dann
Seine alten Klagen an
  Um der Liebsten willen.

Nun wird gesprochen und erzählt:

Als Aucassin Nicolette sagen hörte, daß sie in ein anderes Land gehen wolle, kam er außer sich vor Bewegung. „Schönes süßes Lieb, sprach er, dahin wirst Du nicht gehen, denn das wäre mein Tod. Der Erste, der Dich sieht und sich

Deiner bemächtigen kann, wird Dich in sein Bett bringen und zu seiner Buhle machen. Aber wenn Du in eines andern Mannes Bett als in meinem gelegen hast, glaube nicht, daß ich dann so lange warte, bis ich ein Messer finde, um mich damit in's Herz zu stoßen und umzubringen. Nein wahrlich, so lange würde ich nicht warten, sondern ich würde mir den Kopf an die erste beste Steinwand rennen, daß mir die Augen herausflögen und mein Gehirn verspritzte. Lieber eines solchen Todes wollte ich sterben, dem verfahren, daß Du einmal in eines andern Mannes Bett als in meinem gelegen hast. — Aucassin, sagte sie, ich glaube nicht, daß Ihr mich so sehr liebt, wie Ihr sagt, aber ich liebe Euch mehr, als Ihr mich. — Ach, sprach Aucassin, schönes süßes Lieb, das ist nicht möglich, daß Du mich ebenso liebst, wie ich Dich. Nie kann ein Weib den Mann so sehr lieben, wie der Mann das Weib. Denn des Weibes Liebe sitzt im Auge, in der Knospe der Brust und in der Fußzehe; aber des Mannes Liebe ist in's Herz gepflanzt, daraus sie nicht entweichen kann. — Während Aucassin und Nicolette zusammen sprachen, kamen die Schaarwächter der Stadt die Straße daher mit gezogenen Schwertern unter den Mänteln; denn der Graf Garin hatte ihnen geboten, daß sie Nicolette tödten sollten, wo sie dieselbe fänden. Aber der Wächter, der auf dem Thurm stand, sah sie kommen und hörte, wie sie von Nicolette sprachen und darnach trachteten, sie zu morden. Gott, sprach er, welch großer Schaden wär's, solch holdes Mägblein zu tödten. Es wäre eine große Liebesthat, wenn ich sie warnen könnte, damit sie auf ihrer Hut wäre. Denn wenn man sie umbringt, wird auch mein Jungherr Aucassin den Tod davon haben, und das wäre ein großer Schaden."

Nun wird gesungen:

Wacker, klug, von mildem Sinne
War der Wächter auf der Zinne.
Er begann mit hellem Klang
Einen lieblichen Gesang:
"Mägdelein voll Herzensgüte
In des Leibes Jugendblüte,
Du mit schmuckem Lockengold,
Blauen Augen hell und hold,
Mägdelein, aus Deinem Wesen
Glaub ich eines klar zu lesen:

Mit dem Liebsten sprachst Du da,
Der um Dich dem Tode nah.
Laß Dir sagen, hörst Du mich?
Hüte vor den Wächtern Dich,
Die Dich suchen unverwandt,
Nackte Schwerter in der Hand!
Drohend heischen sie Dein Blut:
Du Bist nicht auf Deiner Hut,
Wird Dir Leid geschehen!"

Nun wird gesprochen und erzählt:

„Ach, sprach Nicolette, heilige Ruhe den Seelen Deiner Eltern, da Du mir dieß so schön und freundlich gesagt hast! So es Gott gefällt, will ich mich wohl hüten, und Gott möge mich schützen! Sie drückte sich, von ihrem Mantel verhüllt, in den Schatten des Pfeilers, bis sie vorüber waren; dann nahm sie Abschied von Aucassin und gieng weiter, bis sie an die Mauern der Burg kam. Die Mauer war kurz vorher gebrochen und wieder ausgebaut worden. Sie stieg hinauf, bis sie zwischen die Mauer und den Graben kam, und blickte hinunter; da sah sie, daß der Graben gar sehr tief und abschüssig war, und sie fürchtete sich sehr. Ach Gott, sprach sie, lieber Himmel, wenn ich mich hinabfallen laffe, fo breche ich den Hals, und wenn ich bleibe, fo ergreift man mich und verbrennt mich morgen im Feuer. Doch lieber will ich hier fterben, als daß mich morgen alles Volk zur Kurzweil begaffe. Sie bekreuzte ihr Haupt und ließ fich den Graben hinabgleiten, und als fie auf dem Grunde ankam, da waren ihre fchönen Füße und fchönen Hände, die vorher nie erfahren hatten, was Wunde heißt, fo zerfchirft und zerfchunden, daß das Blut wohl an zwölf Stellen hervorfprang; dennoch fühlte fie keinerlei Schmerz vor der großen Furcht, die fie hatte. War es ihr aber fchon fchwer geworden, in den Graben hinein zu kommen, fo war es ihr noch viel fchwerer, wieder hinaus zu kommen. Sie dachte, daß da nicht gut weilen fei, und fand einen zugefpitzten Pfal, welchen die Bürger bei der Vertheidigung der Stadt hineingeworfen hatten, und klomm Schritt für Schritt mit großen Mühen empor, bis fie oben ankam. Da lag nun ein Wald zwei Bogenfchüffe entfernt, der wohl dreißig Meilen lang und breit war, und darin waren wilde Thiere und Schlangen. Sie fcheute fich, ihn zu betreten, aus Furcht, von ihnen umgebracht zu werden. Dagegen dachte fie aber wieder, daß, wenn man sie hier fände, man sie zurückbringen würde in die Stadt, um sie zu verbrennen.

Nun wird gesungen.

Nicolette von Angst beklommen
War der festen Stadt entkommen,
Als zu klagen sie begann,
Ihren Heiland rief sie an:
„Vater, König, Herr der Ehren,
Ach, wohin soll ich mich kehren?
Geh ich in den dichten Wald,
Fressen mich die Wölfe bald,
Eber mit den scharfen Hauern
Oder Löwen, die dort lauern.
Aber wart' ich bis zum Tag,
Daß man hier mich finden mag,
Werd zum Holzstoß ich gesandt
Und mein junger Leib verbrannt.
Aber lieber tausendfalt
Sterben in dem wilden Wald,
Als zur Stadt zurück mich wenden,
Um dort schmählich zu verenden. —
Dorthin kehr ich nimmer!

Nun wird gesprochen und erzählt:

Nicolette klagte sehr, wie Ihr gehört habt, befahl sich Gott und gieng, bis sie in den Wald kam. Sie wagte nicht tief in ihn einzubringen wegen der wilden Thiere und der Schlangen, sondern verbarg sich in einem verwachsenen Dickicht. Da überkam sie der Schlummer, und sie schlief bis zum hellen Morgen, wo die Hirten aus der Stadt kamen und ihre Thiere zwischen das Gehölz und das Flußufer trieben. Sie selber begaben sich nach einer sehr schönen Quelle, welche am Saum des Waldes floß, breiteten einen Mantel aus, legten ihr Brod darauf und aßen zusammen. — Nicolette erwachte vom Lärm der Vögel und der Hirten, näherte sich diesen und sprach: „Liebe Kinder, Gott der Herr behüte euch!" „Segne Euch Gott!" sprach einer, der der Redegewandteste unter ihnen war. „Liebe Kinder, fragte sie, „kennt ihr Aucassin, den Sohn des Grafen Garin von Beaucaire?" — „Ja, wir kennen ihn wohl." — „Um Gottes Huld, liebe Kinder, sagt ihm, daß in diesem Forst ein Wild sei und er kommen möge, es zu jagen; denn wenn er es in seine Gewalt bekomme, so werde er kein einziges Glied desselben um 100 Mark Goldes, noch um 500, noch um irgend einen Schatz der Welt weggeben." Diese starrten sie an und wurden ganz verwirrt von ihrer Schönheit. „Ich will's ihr sagen, sprach der, welcher der Redegewandteste war, „verwünscht sei, wer ihm diese Botschaft bringen will; denn falsch ist, was Ihr sagt. Solch kostbares Wild ist nicht in diesem Forst, weder Hirsch, noch Löwe, noch Eber, daß ein Glied von ihm mehr als zwei oder höchstens drei Heller werth wäre, und Ihr redet von so großen Schätzen; übel bekomm es dem, der Euch glaube und es ihm ausrichte. Ihr seid eine Fee, wir begehren Eurer Gesellschaft nicht, drum geht Eurer Wege!" — „Ach, liebe Kinder, sprach sie, „thut es doch: das Wild hat eine solche Arzenei, daß Aucassin von seinem Uebel geheilt werden soll. Hier habe ich fünf Groschen in meiner Tasche, nehmt sie und sagt ihm, daß er binnen drei Tagen auf die Jagd reiten müsse, und wenn er es bis dahin nicht finde, werde er nie mehr von seinem Uebel genesen." — „Meiner Treu, sprach Jener, „das Geld nehmen wir, und wenn er herkommt, wollen wir's ihm sagen, aber aufsuchen werden wir ihn nicht." — „Gott wird's

Euch lohnen!" sprach sie, nahm Abschied von den Hirten und ging weiter.

Nun wird gesungen:

Von den Hirten gieng geschwind
Nicolette, das holde Kind.
Ohne Säumen schritt sie dann
Durch den tiefen dichten Tann
Auf verwachsnen Pfaden fort,
Bis sie kam an einen Ort,
Wo sich in der Waldung Mitten
Sieben alte Wege schnitten.
Dort am Kreuzweg hält sie inne
Und gedenkt des Freundes Minne,
Ob so wahr sie sich erprobt
Wie sein Wort es ihr gelobt.
Und aus Gras und Blättergrün,
Und aus Lilien, die dort blühn,
Bildet sie mit schwankem Dach
Ein geflochtnes Laubgemach;
Und sie schwört bei Gottes Gnade:
"Kommt mein Freund auf diesem Pfade,
Ohne daß sein Herz ihm kündet,
Wer dies blum'ge Haus gegründet, —
Wird er meiner nicht gedenken

Und vorbei die Schritte lenken, —
Dann ist falsch, was er verspricht,
Und er soll mich länger nicht
Seine Freundin heißen!"

20. Nun wird gesprochen und erzählt:

Nicolette hatte die Laube schön und zierlich gebaut, wie ihr gehört und vernommen habet, und hatte sie außen und innen mit Blumen und Blättern durchflochten. Dann verbarg sie sich nahe bei der Laube in ein dichtes Gebüsch, um zu erfahren, was Aucassin thun werde. — Das Gerücht und Geschrei gieng aber durch die ganze Gegend und das ganze Land, daß Nicolette verschwunden sei. Die Einen sagten, daß sie entflohen sei, die Andern, daß der Graf Garin sie habe morden lassen. Wenn sich aber Jemand darüber freute, so war dieß Aucassin gewiß nicht. Der Graf Garin, sein Vater, entließ ihn aus dem Gefängniß und lud die Ritter und Edelfräulein des Landes zu einem prächtigen Feste, damit er Aucassin, seinen Sohn, zu trösten gedachte. Aber obgleich keiner der Gäste fehlte und die Freude ausgelassen war, hatte doch Aucassin kein Vergnügen und keine Festlust, sondern stand

in einen Erker gelehnt ganz traurig und nieder=
geschlagen, weil er nichts erschaute, was ihm
theuer war. Ein Ritter sah ihn, trat zu ihm
hin und sprach ihn an: "Aucassin, sagte er, "am
gleichen Uebel wie Ihr war ich selbst erkrankt.
Ich kann Euch guten Rat geben, wenn Ihr mich
hören wollt." "Herr, sprach Aucassin, "schönen
Dank, guten Rat werde ich wert halten." —
"Steigt auf ein Roß", sagte Jener, "und reitet
zur Kurzweil in den Wald, da werdet Ihr Blu=
men und Kräuter sehn und die Vöglein singen
hören, und von Ungefähr vernehmt Ihr vielleicht
ein Wort, davon Euch besser wird!" — "Herr,
sprach Aucassin, "schönen Dank, so will ich thun."
Er schritt aus dem Saal, stieg die Treppen hinab
und kam zum Stall, wo sein Roß stand. Er
ließ es satteln und zäumen, setzte den Fuß in den
Bügel, schwang sich auf und verließ das Schloß.
Dem Walde ritt er zu und kam an die Quelle,
wo er die Hirten traf gerade zur Mittagszeit.
Sie hatten einen Mantel auf das Gras gebrei=
tet, aßen ihr Brot und waren sehr guter Dinge.

21. Nun wird gesungen:

> Hirten saßen dort im Klee,
> Martinet und Esmaré

Fruelin und Johanet
Robecon und Aubriet.
Einer rief mit frohem Mund:
„Ihr Gesellen in der Rund!
Gottes Liebe wünsch ich gern
Aucassin, dem edlen Herrn,
Und dem schlanken Mägdelein
Mit den blonden Lockenreihn.
Lange soll die Gute leben,
Die uns dieses Geld gegeben.
Heut am Abend woll'n wir laufen,
Wollen süße Kuchen kaufen,
Messerchen, um sie zu schneiden,
Messerchen mit blanken Scheiden,
Flöten handeln wir uns ein,
Pfeifen auch und Hörnerlein.
Segne Gott die Holde!

Nun wird gesprochen und erzählt:

Als Aucassin die Hirten hörte, mahnten sie ihn an Nicolette, seine süße Freundin, die er von Herzen liebte, und er dachte sich, daß sie da gewesen wäre. Er gab seinem Rosse die Sporen und ritt zu den Hirten. „Liebe Kinder, schütz Euch Gott!" — „Gott segne Euch", erwiderte ber, welcher der Redegewandteste war. — „Liebe Kinder, sprach Aucassin, „wiederholt das Liedchen, das ihr eben sangt." — „Das werden wir nicht!" sagte der, welcher der Redegewandteste war. „Uebel dem, der es Euch vorsänge, lieber Herr!" — „Liebe Kinder, sprach Aucassin, „kennt ihr mich nicht?" — „O ja, wir wissen wohl, daß Ihr Aucassin, unser Junker, seid; aber wir gehören nicht Euch, sondern dem Grafen." — „Liebe Kinder, thut es, ich bitte Euch darum." — „Sapperlot, sprach Jener, „warum sollte ich Euch vorsingen, wenn ich keine Lust dazu habe? Gibt es doch keinen noch so mächtigen Mann in diesem Lande, den Grafen Garin ausgenommen, der, wenn er meine Ochsen, Kühe und Schafe in seinen Wiesen und Fruchtfeldern fände, wagen dürfte, sie wegzujagen, ohne zu gewärtigen, daß ihm die Augen ausgekratzt würden, und ich sollte Euch vorsingen, wenn ich keine Lust dazu habe?" — „Um Gottes Huld, liebe Kinder, thut es und nehmt zehn Groschen, die ich in der Tasche habe." — „Herr, das Geld wollen wir nehmen, aber singen werde ich nicht, denn ich habe es verschworen. Doch sagen will ich's Euch, wenn Ihr wollt." — „Nun bei Gott, sprach Aucassin, „lieber sagen als gar nichts." —

„Herr, wir saßen heute Vormittag hier und aßen unser Brod an dieser Quelle, wie wir eben thun, da kam eine Jungfrau daher, das schönste Wesen auf Erden, so daß wir glaubten, es wäre eine Fee, und der ganze Wald davon erleuchtet wurde. Sie gab uns so viel von dem ihrigen, daß wir ihr versprachen, wenn Ihr hierher kämet, Euch zu sagen, Ihr sollet in diesem Walde jagen, denn ein Wild sei darin, von dem Ihr, wenn Ihr es in Eure Gewalt bekämet, kein einziges Glied um 500 Mark Silber noch um alle Schätze der Welt hergeben würdet. Das Wild habe nämlich solche Arzenei, daß Ihr, wenn Ihr es erjaget, von allem Uebel geheilt werdet, doch müßt Ihr es binnen drei Tagen gefangen haben, wo nicht, werdet Ihr es nie mehr wiedersehen. Nun jagt es, wenn es Euch beliebt, und wenn Ihr nicht wollt, laßt es bleiben; ich bin meines Versprechens quitt." — „Liebe Kinder, sprach Aucassin, „genug habt ihr gesagt, Gott lasse es mich finden!"

Nun wird gesungen:

Er vernahm mit Herzenspochen,
Was sein holdes Lieb gesprochen.
Schnell erfaßt er Wort und Sinn,

Und zum Walde sprengt er hin,
Wo die dunkeln Bäume ragen.
Seinen Renner läßt er jagen
Unaufhaltsam durch den Tann,
Und die Liebste ruft er an:
„Nicolette, Du Lustgestalt,
Deinethalb kam ich zum Wald!
Nicht nach Ebern, nicht nach Hirschen,
Deine Spur will ich erbirschen.
Deines Leibes edler Bau,
Deiner Augen süßes Blau
Und Dein lachend rother Mund
Rührten mich im Herzensgrund.
Mög's mit Gottes Huld geschehn
Daß ich Dich darf wiedersehn!
Schwester, holdes Liebchen!"

Nun wird gesprochen und erzählt:

Aucassin suchte durch den Wald nach Nicolette, und sein Renner trug ihn in vollem Laufe dahin. Denkt nicht, daß ihn die Dörner und Stauden verschont hätten, nein, sie zerrissen ihm die Kleider, daß sie ihm kaum mehr am Leibe hielten und das Blut ihm an dreißig oder vierzig Stellen aus Armen, Hüften und Beinen floß, so daß man des Jungherrn Spur im Blute verfolgen konnte, das auf die Gräser tropfte. Aber er dachte so viel an Nicolette, sein süßes Lieb, daß er weder Weh noch Schmerz fühlte. So schweifte er den ganzen Tag durch den Wald, ohne Kunde von ihr zu bekommen; und als er sah, daß der Abend hereinbrach, begann er zu weinen, weil er sie nicht finden konnte. / Er ritt auf einem alten grasbewachsenen Weg, da sah er vor sich in der Mitte des Wegs einen Burschen, wie ich ihn euch schildern werde. Er war groß und wunderhäßlich, hatte ein unförmliches Gesicht, schwärzer als Rauchfleisch; mehr als Handbreit standen seine Augen auseinander; er hatte fette Backen und eine ungeheure Plattnase, große weite Nüstern, dicke Lippen röther als Rostbraten und lange, gelbe, garstige Zähne. Er hatte Schuhe und Strümpfe von Rindsleder, bis über's Knie mit Bindfaden zusammengebunden; er trug einen Mantel, der auf beiden Seiten abgetragen war, und stützte sich auf eine gewaltige Keule. Aucassin stieß auf ihn und erschrak sehr, als er ihn plötzlich erblickte. „Lieber Bruder, Gott schütze Dich!" „Segne Euch Gott!" sprach Jener. — Um Gottes Huld, was machst Du da?" — „Was geht das Euch an?" sagte Jener. —"Nichts, sprach Aucassin, "ich frage Euch aber im Guten." — "Aber warum weint Ihr," sprach Jener, "und geberdet Euch so kläglich. Traun, wenn ich ein so reicher Mann wäre wie Ihr, sollte mich die ganze Welt nicht zum Weinen bringen." — "Ei, kennt Ihr mich denn?" fragte Aucassin. — "Ja, ich weiß wohl, daß Ihr Aucassin, der Sohn des Grafen, seid, und wenn Ihr mir sagt, warum Ihr weinet, so will ich Euch sagen, was ich hier thue." — "Gewiß, sagte Aucassin, "ich will es Euch sehr gern sagen. Ich ritt heute Morgen zur Jagd in diesen Wald und hatte einen weißen Windhund, den schönsten der Welt, den verlor ich, und darum weine ich!" — "Ha, sagte Jener, "beim Herzen, das der Herr im Leib hatte, weint Ihr um einen stinkenden Hund? Schmach dem, der Euch jemals preisen mag! Denn es ist kein so reicher Mann im Lande, der, wenn Euer Vater zehn oder fünfzehn oder zwanzig Hunde von ihm verlangte, sie ihm nicht gerne und mit Freuden geben würde. Aber an mir wär's zu weinen und Klagen zu führen." — "An Dir? Warum?" — "Lieber Herr, ich will's Euch sagen: Ich war verdingt an einen reichen Bauern und führte seinen Pflug mit vier Ochsen. Vor drei Tagen nun geschah mir ein großes Unglück, ich verlor den besten meiner Ochsen, Roget, den schönsten meines Gespanns, und nun laufe ich umher, ihn zu suchen, und habe seit den drei Tagen nichts gegessen noch getrunken und wage nicht, in die Stadt zurückzukehren aus Furcht, man möchte mich gefangen setzen, da ich nichts habe, um den Ochsen zu bezahlen. Von allen Schätzen der Welt nenne ich nichts von Wert mein, als was Ihr an meinem Leib seht. Ich habe eine arme Mutter, die nichts besaß als eine Matratze, und die hat man ihr unter dem Rücken weggezogen, so daß sie jetzt auf dem bloßen Stroh liegt. Um sie bin ich betrübter als um mich, denn Besitz kommt und geht, und habe ich heute verloren, so werde ich wohl ein andermal gewinnen und meinen Ochsen bezahlen, wenn es mir möglich ist. Deshalb weine ich nicht, und Ihr weintet um einen dreckigen Hund. Schmach dem, der Euch fernerhin preisen wird!" — „Traun, lieber Freund, Du gibst mir guten Trost, sei drum gesegnet! Wie viel galt Dein Ochse?" — „Herr, zwanzig Groschen verlangt man dafür, und ich werde davon keinen Heller abmarkten können." — „Da nimm, sprach Aucassin, „die zwanzig Groschen, die ich in der Tasche habe, und bezahle Deinen Ochsen!" — „Herr, sprach Jener, „großen Dank, und Gott lasse Euch finden, was Ihr sucht!" — Damit schied er von ihm, und Aucassin ritt weiter. Die Nacht war schön und still, und er ritt, bis er zu den sieben Wegen kam mitten im Walde; da sah er die Laube, die außen, innen, vorne und oben mit Blumen durchflochten war, daß es keine schönere geben konnte. Als Aucassin sie erblickte, hielt er mit einem Ruck inne, und der Strahl des Mondes fiel hinein. „Ha, bei Gott!" rief Aucassin, „hier war Nicolette, mein süßes Lieb, und das baute sie mit ihren schönen Händen. Um ihrer Huld und ihrer Liebe willen werde ich absteigen und hier die Nacht vollends verbringen." Er setzte den Fuß aus dem Bügel, um abzusteigen; das Roß aber war groß und hoch, und er dachte so viel an Nicolette, seine süße Freundin, daß er hart auf einen Stein fiel und sich die Schulter verrenkte. Er fühlte sich schwer verletzt, aber er zwang sich, so gut er konnte, und band sein Roß mit der andern Hand an einen Weißdorn. Dann kroch er in die Laube, schaute zur Oeffnung oben hinaus und sah den

Himmel und die Sterne, darunter einen, der heller leuchtete als die anderen. Da begann er zu sprechen:

Nun wird gesungen:

Heller Stern, im Liebesbann
Zieht der stille Mond dich an.
Mit dir durch die Nacht so lind
Wallt mein blondgelocktes Kind.
Wollte Gott, ich wär' mit ihr
Fern der schlimmen Welt bei Dir.
Wenn ich dann auch später wieder
Stürzte zu der Erde nieder,
Hätt' doch einmal ohne Bangen
Küssend Mund an Mund gehangen,
Hätt' doch einmal ungestört
Deine Minne mir gehört,
   Schwester, holdes Liebchen!

Nun wird gesprochen und erzählt:

Als Nicolette Aucassin hörte, kam sie zu ihm, denn sie war gar nicht ferne. Sie trat in die Laube, schlang ihre Arme um seinen Hals und küßte und herzte ihn. „Holder, süßer Freund, seid mir willkommen!" — „Willkomm auch Dir, mein holdes süßes Lieb!" — Sie küßten und umfiengen sich und ihre Freude war gar schön. "Ach, süßes Lieb," sagte Aucassin, "ich war eben schwer verletzt an meiner Schulter, aber nun fühle ich weder Schmerz noch Weh, da ich Dich habe!" Sie befühlte ihn und fand, daß er sich die Schulter ausgerenkt hatte. So lange strich sie daran mit ihren weißen Händen, bis es ihr mit Gottes Hülfe, der den Liebenden wohl will, gelang, die Schulter wieder einzurenken. Dann nahm sie Blumen, frisches Gras und grünes Laub und band das darauf mit einem Stück ihres Hembes, davon er ganz heil wurde. "Aucassin", sprach sie, "holder süßer Freund, geht zu Rate, was Ihr thun wollt! Wenn Euer Vater morgen diesen Wald durchstreifen läßt und man mich findet, so wird man mich tödten, was auch aus Euch werde!" — "Traun, holdes süßes Lieb, davon würde ich großes Leid haben. Doch wenn ich es vermag, sollen sie Dich nicht ergreifen." Er stieg auf sein Roß und nahm sein Lieb vor sich mit Küssen und Umfangen. So kamen sie auf's freie Feld.

Nun wird gesungen:
Unser Jungherr, blond und hold,
Fröhlich in der Minne Sold,

War zum Wald hinausgezogen;
Vor sich auf dem Sattelbogen
Hielt sein Liebchen er im Arm,
Küßt ihr Stirn und Wangen warm,
Küßt den Mund ihr fort und fort.
Endlich kam das Kind zum Wort:
„Holder, süßer Aucassin,
Sag, in welches Land wir ziehn?"
„Weiß ich's, liebes Angesicht?
Wo wir gehn, mich kümmert's nicht,
Ob durch Wald und Wüstenein,
Wenn nur Du willst bei mir sein."
Sie durchritten weite Strecken,
Berge, Thäler, Stadt und Flecken,
Kamen bei des Morgens Glut
Zu des Meeres blauer Flut,
  Stiegen dort vom Rosse.

Nun wird gesprochen und erzählt:

Aucassin war mit seinem Liebchen abgestiegen, wie Ihr gehört und vernommen habt. Er führte sein Roß am Zügel, sein Liebchen an der Hand und so giengen sie das Gestade entlang. Da sahen sie ein Schiff vor Anker liegen und Schiffsleute im Boote. Aucassin winkte diesen, und sie kamen an's Land. Er verhandelte mit ihnen, bis sie ihn in das Schiff aufnahmen. Doch als sie auf hoher See waren, erhob sich ein großer wunderbarer Sturm und trieb sie von Land zu Land, bis sie an eine fremde Küste kamen. Sie liefen in den Hafen einer Burg ein und fragten, was das für ein Land wäre, und man sagte ihnen, das sei das Land des Königs von Torelore. Aucassin fragte, welch ein Mann das wäre und ob er Krieg führe. Ja, antwortete man ihm, einen großen. — Da nahm er Urlaub von den Kauffahrern und diese befahlen ihn Gott. Er stieg auf's Roß mit gegürtetem Schwert, nahm seine Geliebte vor sich und ritt, bis er in die Burg kam. Dort fragte er, wo der König sei; man sagte ihm, daß er in den Wochen liege. — Und wo ist dann seine Frau? — Man gab ihm zur Antwort, sie sei auf der Heerfahrt und mit ihr alle Bewohner des Landes. — Als das Aucassin hörte, verwunderte er sich gar sehr. Er kam in das Schloß und sprang mit der Geliebten ab. Sie hielt sein Roß, er aber stieg in den Palast hinauf mit gegürtetem Schwert und lief umher, is er in das Zimmer kam, wo der König lag.

Nun wird gesungen

Aucassin war ganz allein,
In die Kammer drang er ein
Und gelangte bis zur Stätte,
Wo der König lag im Bette.
Er blieb stehn, als er ihn sah:
„Narr, bei Gott, was machst Du da?" —
Nun vernehmt, was der gesprochen:
„Herr, ich liege in den Wochen.
Wenn mein Monat ist dahin
Und ich ganz genesen bin,
Werd' ich in die Messe gehn,
Wie's von Alters her geschehn.
Aber dann mit großem Schall
Schlag ich meine Feinde all',
 Lasse nicht vom Kriege."

Nun wird erzählt und gesprochen:

Als Aucassin also den König reden hörte, nahm er alle Decken, die auf ihm lagen und warf sie aus der Kammer. Darauf erblickte er hinter sich einen Stock, den nahm er, wandte sich um und hieb und schlug auf den König los, daß dieser fast des Todes war. „Ach, lieber Herr, rief der König, was wollt Ihr von mir? Seid

Ihr von Sinnen, daß Ihr mich in meinem eigenen Hause schlagt? — „Beim Herzen Gottes", sprach Aucassin, verfluchter Bastard, ich schlag Euch todt, wenn Ihr mir nicht gelobt, daß in Eurem Land nie mehr ein Mann im Kindbett liegen soll." — Er gelobte es ihm, und als dieß abgethan war, sagte Aucassin: „Herr, nun führt mich zu Eurer Frau in's Feld." — „Herr, gerne," sprach der König. Er stieg auf ein Roß und Aucassin auf das seine, Nicolette blieb in den Gemächern der Königin. Aber der König und Aucassin ritten, bis sie zur Königin kamen, und sie sahen, wie die Schlacht mit faulen Holzäpfeln, mit Eiern und frischen Käsen geführt wurde. Aucassin schaute das mit an und verwunderte sich höchlichst.

Nun wird gesungen:

Aucassin blieb wundernd stehn,
Solchen großen Kampf zu sehn.
Jene hatten in die Schlacht
Frischen Käse mitgebracht,
Große Aepfel, faul inmitten,
Pilze, die vom Stamm geschnitten.

Wer am besten weiß zu schießen,
Wird als erster Held gepriesen.
Aucassin, der tapfre Mann,
Sah die seltne Schlacht mit an
Und begann zu lachen.

32. Nun wird gesprochen und erzählt:

Als Aucassin dieses wunderliche Schauspiel sah, gieng er zum König und redete ihn an: „Herr, sind das Eure Feinde?" — „Ja, Herr," sagte der König. — „Und wollt Ihr, daß ich Euch an ihnen rächen soll?" — „Ja, sprach Jener, „gerne." Da legte Aucassin Hand an's Schwert, warf sich mitten unter sie, begann nach rechts und links um sich zu hauen und tödtete viele. Doch als der König sah, daß er sie todt schlug, fiel er ihm in die Zügel und rief: „Ach, lieber Herr, tödtet sie mir nicht in dieser Weise!" — „Wie soll ich Euch denn an ihnen rächen?" fragte Aucassin. — „Herr", sagte der König, „das habt Ihr schon zu viel gethan. Es ist nicht Sitte, daß wir einander todtschlagen, sondern die Einen wenden sich zur Flucht." Darauf kehrten der König und Aucassin in's Schloß von Torelor zurück. — Die Eingeborenen aber riethen dem König, Aucassin aus dem Lande zu werfen und Nicolette für seinen Sohn zurückzubehalten, denn sie scheine eine Frau von hohem Stande. Als das Nicolette hörte, war sie nicht sehr froh darüber und hub an zu sprechen.

Nun wird gesungen:
"Komm ich, Herr von Torelor,
Eurem Volk so närrisch vor,
Sprach die holde Nicolette,
Daß ich solche Wünsche hätte?
Wenn, von meinem Reiz beglückt,
Mich mein Liebster an sich drückt,
Nenn' ich alle Wonnen mein.
Ball und Tanz und Ringelreihn,
Fiedel, Geig' und Harfenspiel,
Und was sonst der Welt gefiel,
Gilt mir nichts dagegen."

Nun wird gesprochen und erzählt:

Aucassin lebte auf der Burg von Torelore herrlich und in Freuden, denn er hatte Nicolette, sein süßes Liebchen, bei sich. Doch als er in diesen Wonnen schwamm, kam ein Haufe Sarazenen über Meer, lief die Burg an und eroberte sie im Sturm; alle Habe erbeuteten sie und führten Männer und Weiber gefangen fort. Auch Nico-

lette und Aucassin ergriffen sie, banden dem Jung=
herrn Füße und Hände und warfen ihn in ein
Schiff und Nicolette in ein anderes. Da erhob
sich ein Sturm über dem Meer, der sie trennte.
Das Schiff, darin Aucassin lag, trieb auf Ge=
rathewohl in der See umher, bis es beim Schloß
von Beaucaire landete. Das Volk lief an's Ge=
stade, fand Aucassin und erkannte ihn. Als die
von Beaucaire ihren Jungherrn sahen, erhoben
sie großen Jubel, denn Aucassin hatte wohl drei
Jahre in der Burg von Torelore hingebracht, und
seine Eltern waren unterdeß gestorben. Sie führ=
ten ihn hinauf in das Schloß von Beaucaire und
huldigten ihm alle als seine Mannen; und er
hielt sein Land im Frieden.

Nun wird gesungen:

Nach Beaucaire, seiner Stadt,
Kam der Jungherr krank und matt,
Und des Reichs, das ihm beschieden,
Waltet er in tiefem Frieden.
Doch er schwört bei Gottes Ehre,
Wenn sein Stamm vernichtet wäre,
Deucht' ihn das ein minderes Leid
Als der Raub der holden Maid.

„O mein süßes Liebchen, sprich,
Künde mir, wo such' ich Dich?
Wüßt' ich, wo auf Gottes Erde
Ich Dein Antlitz finden werde,
Zög ich rastlos unverwandt
Ueber Meer in's fernste Land,
Um Dich aufzusuchen."

Nun wird gesprochen und erzählt:

Lassen wir nun von Aucassin und reden wir von Nicolette. Das Schiff, darin sie war, gehörte dem König von Carthago, und der war ihr Vater, und sie hatte zwölf Brüder, alle Prinzen und Könige. Als diese Nicolette so schön sahen, erwiesen sie ihr gar hohe Ehre, feierten Feste ihr zu Lieb und fragten sie viel, wer sie sei, denn sie scheine eine eble Frau von hoher Geburt. Aber sie wußte ihnen nicht zu sagen wer sie sei, denn sie war als kleines Kind geraubt worden. So segelten sie, bis sie vor die Stadt Carthago kamen. Doch als Nicolette die Mauern der Burg und die Gegend sah, da erinnerte sie sich, daß sie hier erzogen und als kleines Kind geraubt worden sei. Denn so klein war sie doch nicht gewesen, um sich nicht zu erinnern, daß sie in dieser Stadt erzogen wurde und des Königs Tochter war.

Nun wird gesungen:

Nicolette sah das Land,
Das sich hob am Himmelsrand,
Sah von fern die Mauern schimmern,
Der Paläste Fenster flimmern.
Doch sie rief und rang die Hand:
Weh, was frommt mein hoher Stand?
Weh, was bringt es mir Gewinn,
Daß ich eine Fürstin bin
Aus Carthago's Königssaal
Und verwandt dem Admiral.
Was soll all' die Hoheit mir?
Wildes Volk umgibt mich hier.
Aucassin, Du mein Begehren,
Edler Jungherr, reich an Ehren,
Deine Liebe schafft mir Leid,
Mahnt und müht mich allezeit.
Stille Gott mein heiß Verlangen,
Dich noch einmal zu umfangen,
Einmal noch in süßem Bund
Dir zu ruhen Mund an Mund,
 Du mein Herr und Liebling!

Nun wird gesprochen und erzählt:

Als der König von Carthago Nicolette dieses sagen hörte, schloß er sie in seine Arme und sprach: „Liebes süßes Kind, sagt mir, wer Ihr seid und scheut Euch nicht vor mir!" — „Herr, sagte sie, „ich bin die Tochter des Königs von Carthago und wurde als kleines Kind geraubt wohl vor fünfzehn Jahren," — Als sie das Fräulein also reden hörten, wußten sie wohl, daß sie wahr sprach, und sie feierten sie und führten sie mit hohen Ehren in den Palast, wie's einer Königstochter ziemt. Sie wollten ihr zum Eheherrn einen Heidenkönig geben, aber sie hatte keine Lust, sich zu vermählen. Sie war wohl drei oder vier Tage dort, da bedachte sie, durch welche List sie Aucassin aufsuchen könnte. Sie begehrte eine Fiedel und lernte darauf spielen. Doch als man sie eines Tages einem reichen Heidenkönig vermählen wollte, schlich sie in der Nacht davon und kam an den Hafen. Dort nahm sie Herberge bei einer armen Frau am Strand, nahm ein Kraut und färbte sich Kopf und Antlitz, so daß sie ganz braun und dunkel war, ließ sich Leibrock, Mantel, Hemd und Hosen machen und kleidete sich so in die Tracht eines Jongleurs. Dann nahm sie die Fiedel, gieng zu einem Schiffer und verhandelte mit ihm, bis er sie in sein Schiff aufnahm. Sie spannten die Segel und fuhren durch die hohe See, bis sie nach dem Lande Provence kamen. Dort stieg Nicolette aus, nahm die Fiedel und wanderte spielend durch das Land, bis sie zum Schloß von Beaucaire kam, wo Aucassin wohnte.

34. Nun wird gesungen:

Dort saß Aucassin einmal
Auf der Treppe vor dem Saal,
Wo er oft am schönen Tag
Mit den Herrn der Rede pflag,
Und er sah die Blumen springen
Und vernahm der Vöglein Singen,
 Da gedacht' er jener Maid,
Deren Lieb' in Lust und Leid
Er so lang im Sinn getragen,
Und er seufzt in Herzensklagen. —
Sieh, da war's, daß unerkannt
Nicolette vor ihm stand
Und zum sanften Bogenschwang
Ihm ein helles Liedchen sang:
„Hört mich an, Ihr edlen Herrn,

Hört mich an von nah und fern,
Duldet Ihr in Eurem Kreise
Meines Sanges schlichte Weise,
Künd' ich Euch die Liebesmäre
Von dem Jungherrn von Beaucaire,
Wie er lange Zeit geminnt
Nicolette, das fremde Kind,
Wie sie vor des Vaters Drohn
Durch den tiefen Wald entflohn,
Wie zu Torelor im Schloß
Sie geraubt ein Heidentroß.
Wo der Jungherr hingekommen,
Hab' ich seitdem nicht vernommen.
Aber Nicolette fand
Ueberm Meer ihr Heimathland,
Das sie lange Zeit entbehrt,
In Carthago hochgeehrt
Weilet sie zu dieser Frist,
Wo ihr Vater König ist;
Dieser will sie nun für's Leben
Einem Heidenfürsten geben.
Anders steht's in ihrem Sinne,
Denn des Kindes ganze Minne
Ist nur Einem zugewandt,
Der ist Aucassin genannt.

Und sie schwört, nur ihm allein
Sich mit Seel' und Leib zu weihn,
Der ihr Wunsch und Sehnen!"

Nun wird gesprochen und erzählt:

Als Aucassin Nicolette so erzählen hörte, ward er sehr froh, zog sie bei Seite und fragte sie: „Holder süßer Freund, wißt Ihr nichts von dieser Nicolette, von der Ihr hier gesungen habt?" — „Herr, ja, ich weiß von ihr als von dem feinsten, holdesten und klügsten Geschöpf, das je geboren ward. Sie ist die Tochter des Königs von Carthago, der sie da gefangen nahm, wo auch Aucassin gefangen wurde, und sie in die Stadt Carthago führte, bis er erfuhr, daß sie seine Tochter sei. Darob feierte er große Feste und will ihr jeden Tag einen der erlauchtesten Könige von ganz Spanien zum Gemahle geben, aber sie ließe sich eher hängen und brennen, als daß sie einen solchen nähme, so reich er auch sein möchte." — „Ach, holder süßer Freund, sagte Graf Aucassin, „wenn Ihr zurückkehren wolltet in jenes Land und ihr sagen, daß sie käme, mit mir zu reden, würde ich Euch so viel von meiner Habe geben, als Ihr fordern und nehmen wolltet, und wisset, daß ich aus Liebe zu ihr keine Frau nehmen werde und wäre sie von noch so hohem Stamm, sondern ihrer harre, da ich nur sie zum Weibe haben will. — „Herr, sagte sie, „wenn Ihr das wollt, so will ich sie aufsuchen aus Liebe zu Euch und zu ihr, die ich sehr hoch schätze." — Er schloß mit ihr den Vertrag und ließ ihr darauf zwanzig Pfund geben. Sie schied von ihm, und er weinte um die Anmut Nicolettes. Doch als sie ihn weinen sah, sprach sie: „Herr, härmt Euch nicht, denn über Kurzem werde ich sie Euch in diese Stadt bringen, daß Ihr sie sehen sollt." — Als das Aucassin vernahm, wurde er fröhlich, und sie schied von ihm und begab sich in die Stadt in das Haus der Vizgräfin, denn der Vizgraf, ihr Pathe, war gestorben. Sie nahm dort Herberge und sprach so lange, bis sie ihre Erlebnisse erzählt hatte und die Vizgräfin sie erkannte und sah, daß es Nicolette sei, die sie erzogen hatte. Sie ließ sie waschen und baden und acht volle Tage rasten. Dann nahm sie ein Pflänzchen, Schellkraut geheißen, und bestrich sie damit, davon sie so schön wurde, wie sie nie zuvor gewesen. Darauf kleidete sie sich in reiche Seidengewänder, deren die Dame zur Genüge hatte, setzte sich in das Zimmer auf ein buntes Seidenpolster, rief die Vizgräfin herbei und bat sie, zu Aucassin, ihrem Liebsten zu gehn, und die Dame that so. Als sie in den Palast kam, fand sie Aucassin, wie er weinte und um Nicolette, sein Liebchen, klagte, weil sie so lange säumte. Die Dame sprach ihn an und sagte: „Aucassin, nun grämet Euch nicht länger, sondern kommt mit mir und ich will Euch das Wesen zeigen, das Ihr am meisten liebt auf der Welt, das ist Nicolette, Euer süßes Lieb, die aus fernen Ländern gekommen ist, Euch aufzusuchen." Da freute sich Aucassin.

Nun wird gesungen:

Als Jung Aucassin vernommen,
Daß sein Lieb ins Land gekommen,
Ward er aller Sorgen bar,
Fröhlich, wie er niemals war.
Und in ungeduld'ger Hast
Eilt er in der Frau Palast.
In die Kammer trat er ein,
Und das holde Mägdelein
Sprang empor mit flinken Füßen,
Um ihn jubelnd zu begrüßen.

Aucassin, der sel'ge Mann,
Zog mit Armen sie heran,
Hielt sie fest und eng umfangen,
Küßt ihr Augen, Mund und Wangen. —
— Also ließen sie's die Nacht,
Aber als der Tag erwacht,
Führt der Graf in prächt'ger Schaar
Die Geliebte zum Altar,
Und das Kind in Glanz und Ehre
Ward zur Dame von Beaucaire.
— Und sie lebten sonder Klage
Lange wonnenreiche Tage.
Alles Glück, das sie begehrt,
War den Beiden voll bescheert. —
Mehr zu sagen weiß ich nicht,
Darum end' ich mein Gedicht
    Und die holde Märe.

Erläuterungen.

1. Allgemeines.

Der kleine Roman, welcher hier in neuer Uebertragung den Freunden mittelalterlicher Dichtung vorgelegt wird, stammt aus der zweiten Hälfte des dreizehnten Jahrhunderts. Er ist uns erhalten in dem nordfranzösischen Dialect von Isle de France. Seine Heimat aber liegt im Süden, unter dem warmen Himmel der Provence. Zwar ist kein ähnliches Werk, selbst kein äußeres Zeugniß dafür in der spärlich überlieferten provenzalischen Dichtung auf uns gekommen, aber mit Recht hat der bekannte Literarhistoriker Fauriel die Schöpfung unseres Romans seinem Lieblingslande aus innern Gründen zuerkannt. Dort ist der Held der Geschichte geboren, dort ist der Mittelpunkt der Handlung, von dorther kommt der Gluthauch rücksichtsloser Leidenschaft, der uns aus Reden und Schilderungen wie der starke Duft südlicher Gärten entgegenatmet, jener über=

zärtlichen, übertrotzigen Sehnsucht, die nur ein Lebensziel kennt und nur eine Pflicht, nach diesem Ziele zu streben, und außer ihm alle Güter des Himmels und der Erde verachtet.

Der nordfranzösische Dichter, ruhigeren und leichteren Sinnes, empfand die Aeußerung dieser Leidenschaft als Uebertreibung; allein er war ein Schalk, er hütete sich wohl, das feurige Kolorit der Erzählung zu verwischen, und behandelte seinen Stoff mit Ironie. Er erzählt mit der ernsthaftesten Stimme von der Welt: wer ihm aber näher tritt, der bemerkt das überlegene Lächeln, das um seine Lippen spielt. Er folgt seinem Helden, wie ein treuer Diener seinem Herrn, durch Dick und Dünn; aber er denkt dabei im Stillen, daß es mit dessen Verstand doch nicht ganz richtig sei. So erhalten wir im Charakterbild Aucassins jenen wundersamen gemischten Eindruck von Pathos und Komik, von Jugendherrlichkeit und Jugendtollheit, von kindischer Unbesonnenheit und männlicher Thatkraft, von kühnem Trotz und weichlichem Verzagen, — all dieß mit solcher Schelmerei untereinander gemengt und mit solcher Treuherzigkeit vorgebracht, daß wir in heiterem Einverständniß dem Spiele folgen, das der Dichter mit seinem Helden treibt, umsomehr,

als er ihm beruhigend und mildernd das mond=
klare Bild der klugen Nicolette zur Seite stellt, des
treuen entschlossenen Kindes, über dessen jungfräu=
liches Lockenhaupt der Zauber süßester Romantik
ausgegossen ist.

Der Name des Dichters ist nicht bekannt. Ohne
Zweifel gehörte er den fahrenden Sängern an,
welche in den Hallen des Adels und auf den
Märkten des Volks eigene und fremde Dichtungen
sangen oder sagten. Er war kein begeisterter Ver-
ehrer des damals schon alternden Rittertums; dieß
beweist das Behagen, mit dem er seinen Helden
die ersten Pflichten dieses Standes mißachten läßt.
Er war noch weniger ein Anhänger der Geistlichkeit,
aber ein Freund des Volkes, aus dem er selber
hervorgegangen. Dieß zeigt die demokratische Grob=
heit, mit der die auftretenden Personen niederen
Standes den Grafensohn behandeln, besonders die
derbe Rüge, mit welcher der ungeschlachte Ochsen=
knecht den Liebesschmerzen des reichen Herrn die
Not des materiellen Lebens entgegenhält. Wenn
die Lesung der Anfangsverse richtig ist*), so war

---

*) Qui vauroit bons vers oïr
    del deport du viel caitif:
Ich habe die zweite Zeile, deren Lesung mir verdächtig
scheint, in der Uebersetzung unberücksichtigt gelassen.

der Dichter selber alt und arm, und sein einziger Trost die Heilkraft seiner Dichtung, durch welche nach seinem naiven Proömium alles Herzeleid in jubelndes Entzücken sich lösen muß.

Die Darstellung ist einfach und fließend, voll Anschaulichkeit und Leben, reich an den dem alten Volksepos charakteristischen Detailschilderungen und Wiederholungen. Voll reiner eigentümlicher Poesie ist besonders die erste Hälfte des Romans. Dagegen stört an einzelnen späteren Stellen, namentlich bei Nicolette's Ankunft in Carthago, eine auffallende Unbehilflichkeit und Dürftigkeit der Erzählung.

In formeller Hinsicht ist das vorliegende Werk eine der merkwürdigsten Dichtungen des Mittelalters. Wir haben in ihm das einzige Beispiel, daß die orientalische Liebhaberei, gebundene Rede mit ungebundener wechseln zu lassen, im Abendlande Nachahmung fand. Mit Grund wird hier maurischer Einfluß vermutet. Nur darin unterscheidet sich unser Roman von den orientalischen, daß bei ihm die Erzählung auch in den eingestreuten Versen fortschreitet und diese also mit dem Ganzen in organischem Zusammenhang stehen, während bei den Arabern und Persern die Verse rein lyrischer oder didaktischer Natur sind, nur zur Illustration dienen und ausgelassen werden können, ohne den Gang der Geschichte wesentlich zu beeinträchtigen. Man hat diese Form mit Unrecht aus der Ungeschicklichkeit des Erzählers erklären wollen *); sie ist das bewußte Product einer gereiften Kunstperiode, welche neben der gebundenen Rede die Reize der Prosa zu empfinden beginnt.

Die metrischen Stücke bestehen aus einer beliebig langen Reihe von assonierenden, bald durchaus männlichen, siebensilbigen, bald durchaus weiblichen, achtsilbigen Versen. Jede dieser Versreihen, Tiraden genannt, wird durch eine kürzere vier- oder fünfsilbige Zeile refrainartig abgeschlossen. **)

Ueber die Art des Vortrags gibt das Manuscript selber durch Ueberschriften Auskunft. Vor den Tiraden steht nämlich regelmäßig: Or se cante — nun wird gesungen, vor den prosaischen Stücken: Or dient et content et fabloient — nun wird gesagt, gesprochen und erzählt. Wir können uns so den Roman von einem Einzigen oder von Zweien vorgetragen denken, die sich in Gesang und Rede

---

*) Edéléstand du Méril, Floire et Blancheflor, Paris 1856, p. CXCIII.
**) Ich habe statt der Assonanz den unserem Ohr gefälligeren Reim gewählt und die Schlußzeilen dem trochäischen Rythmus der Tiraden angepaßt.

theilten. Als eine große Seltenheit hat uns die Handschrift die Melodie der gesungenen Verse überliefert. Sie lautet für die Tiraden mit männlichen Versen folgendermaßen *):

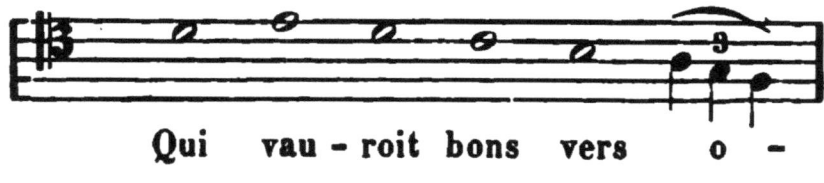
Qui vau - roit bons vers o -

ir del de - port du viel cai - tif.

Für die Tiraden mit weiblichen Versen gestaltet sich die Melodie, wie folgt:

Au - cass - in fu de Biau -

caire d'un castel de bel re - pai - re.

---

*) Die Umsetzung derselben in unser Notensystem danke ich der Gefälligkeit meines gelehrten Freundes Dr. Granbaur in München. In der Handschrift finden sich einige unerhebliche Varianten; die oben gegebene Fassung ist die am häufigsten wiederkehrende.

In dieser dem Gregorianischen Kirchengesang entsprechenden Weise wurden auch die übrigen Verse der Tirade gesungen. Dieß macht die Handschrift selbst unzweifelhaft, welche in der letzten Tirade über der dritten Zeile die Noten der ersten wiederholt. Der kürzere Schlußvers dagegen hat eine eigene Melodie, deren häufigste Fassung also lautet:

Suer douce a - - - - - mi - - - e

Die einzige Handschrift, welche unsern Roman überliefert hat, ist in der kaiserlichen Bibliothek zu Paris, Ms. Nr. 7989[2].

Zum ersten Mal veröffentlichte denselben in neufranzösischer Uebersetzung La Curne de Sainte Palaye in der Zeitschrift Le Mercure; ein besonderer Abdruck erschien unter dem Titel: Histoire ou romance d'Aucassin et de Nicolette, Paris 1752: ein zweiter folgte mit verändertem Titel: Les amours du bon vieux temps mit dem Motto: On n'aime plus comme on aimait jadis. — Vaucluse et Paris 1756.

Eine freiere Uebersetzung gab Le Grand d'Aussy im dritten Band seines Werkes: Choix et extraits de fabliaux et contes anciens, Paris 1783, — eine bessere Fauriel, Histoire de la poésie Provençale, Paris 1846, III, 184. Eine ausführliche Inhaltsangabe steht im 19. Band der Histoire littéraire de la France, p. 749.

Der Urtext wurde zuerst herausgegeben von Barbazan in seinen Fabliaux et Contes, Paris 1808 I, 380. — Darnach wurde er abgedruckt von Francisque Michel im Anhang des dritten Bandes der von Renouard besorgten neuen Ausgabe von Le Grands Werk, p. 341, — von Ideler, Geschichte der altfranzösischen Nationalliteratur Berlin 1842 p. 317. — Die neueste und beste Ausgabe findet sich in den Nouvelles françoises en prose du XIII. siècle publiées, par L. Moland et C. d'Héricault, Paris 1856, p. 231 ff.

Frühere deutsche Uebersetzungen existieren von Koreff im Berliner Taschenkalender 1820, — von O. L. B. Wolff im Taschenbuch Minerva 1833, — von Bülow in seinem Novellenbuch, Leipzig 1836, III, 30 ff.

Michel Jean Sedaine (1719—97) schrieb für den Komponisten André Ernest Gretry außer dem bekannten Richard Löwenherz einen Operntext: Les moeurs antiques ou Aucassin et Nicolette.

Die Oper wurde aufgeführt in Versailles und Paris im Jahre 1779.

Eine deutsche Behandlung des berühmten Stoffes gab Platen in seinem Drama: Treue um Treue, 1825. Gesammelte Werke III, 283 ff.

2. Einzelnes.

1) **Vizgraf**, altfranz. Visquens (das neufranz. Vicomte) — Stadtrichter.

2) Eine, für die Kulturgeschichte gewiß bemerkenswerthe Hyperbel, welche jedoch in der erotischen Lyrik des zwölften und dreizehnten Jahrhunderts mehr Parallelstellen hat, als einseitigen Betrachtern des Mittelalters lieb sein möchte. Besonders häufig begegnet uns diese Mißachtung der dogmatischen Himmelsfreuden neben der Seligkeit irdischen Liebesgenusses bei den südfranzösischen Troubadours, namentlich bei Arnaut von Marueil (Raynouard, Choix III., 226. — Diez, Poesie der Troubadours 163 ff.) Doch nicht allein die ketzerischen Provenzalen, auch die frommen deutschen Minnesänger reden so. Herr Wachsmut von Mühlhausen betheuert:

> Mir waere ê liep bî ir ze sîne
> dan bî got in paradîs.
>
>   Hagen, Minnes. I, 327, a.

Auch unter den italienischen Dichtern der Hohenstaufenzeit tönt davon ein Widerhall:

Senza madonna non vi (in paradiso) vorria gire
quella ch' ha bionda testa e chiaro viso,
che senza lei non poteria gaudire,
istando dalla mia donna diviso. Poeti del
primo secolo, Firenze 1816, I., 319.

Im Parzival Wolframs von Eschenbach möchte gar der unglücklich liebende König Clamide die Strafe des Pilatus und des Judas auf sich nehmen, wenn er Conduiramur umfangen dürfte. P. 219, 24. — Unsere Stelle ist zugleich ein sprechendes Zeugniß vom Haß der fahrenden Sänger auf die Priester, welche fort und fort gegen ihr unheiliges Leben und Dichten predigten.

3) Die Gräben der Burgen waren also nicht senkrecht, sondern schräg abfallend nach Art der antiken Befestigung

4) Es ist wohl kaum zu ermitteln, ob der Erzähler mit dieser burlesken Episode von den häuslichen und kriegerischen Wunderlichkeiten der Leute zu Torelore ein bestimmtes Volk und bestimmte gleichzeitige Ereignisse persiflieren wollte. Soviel jedoch ist gewiß, daß er die so seltsam klingende Geschichte von dem statt seiner Frau im Kindbett liegenden Ehemann nicht erfunden hat. Denn dieser Brauch findet sich wirklich bei zahlreichen und grundverschie-

denen Völkerschaften. Von den wilden Ureinwohnern Corsicas erzählt Diodorus Siculus: Wenn die Frau geboren hat, so erhält sie als Wöchnerin durchaus keine Pflege; ihr Mann hingegen legt sich als ein Kranker eine bestimmte Zahl von Tagen ins Wochenbett, als litte er wirklich an einen körperlichen Uebel. (Diob. V. 14) Ebenso bemerkt Strabo (Buch 3) von den Weibern der Keltiberen, daß sie, wenn sie niederkommen, ihre Männer für sich ins Bett legen und ihnen aufwarten. — Der im 13. Jahrh. Asien durchwandernde Venetianer Marko Polo berichtet ferner von dem mongolischen Stamm in der chinesischen Provinz Yun-Nan: Dieses Volk hat einen eigentümlichen Brauch. Wenn ein Weib ein Kind geboren, das Bett verlassen und den Säugling gewaschen und gewindelt hat, so nimmt der Mann sogleich den Platz ein, den sie verlassen, und legt das Kind zu sich, das er vierzehn Tage lang pflegt. In dieser Zeit besuchen ihn die Freunde und Verwandten der Familie und bringen ihm ihre Glückwünsche, während die Frau die häuslichen Geschäfte verrichtet, dem Mann Speise und Trank ans Bette bringt und den Säugling an seiner Seite stillt (Peregrinatio L. II, Cap. 41. — Deutsch von Bürck, Leipzig 1854, p. 400 f.) — Auch aus der neuen Welt kommen gleichlautende Berichte der Reisenden: Bei den Arowaken legt sich der Mann nach der Niederkunft der Frau in die Hängematte (Klemm, Die Frauen, Dresden 1854 I., 24). Denselben Brauch fand Froger bei den Indianern von Cayenne: Lorsqu'ils sont à la campagne ou à la guerre et qu'ils apprennent que leur femme est accouchée, il retournent au plutost à la maison, se bandent la tête, et comme s'ils etoient eux mêmes en mal d'enfant, ils se mettent au lit, où les voisins viennent leur rendre visite et les consoler de leur maladie imaginaire. (Froger, Relation du Voyage de Mr. de Gennes au detroit de Magellan en 1695, Amsterdam 1699, p. 176) Am merkwürdigsten aber ist, daß sich die wunderliche Sitte bis in unsere Zeit bei den Basken und Bearnern in Biskaya und Navarra erhalten hat: Der Mann legt sich mit dem Kinde zu Bett und empfängt die Glückwünsche der Besuchenden (Revue des deux Mondes 1850, p. 1084. De Laborde Itinéraire descriptif de l'Espagne Paris 1809, ll. 150.) In Bearne heißt dieser Brauch la couvade (von couver brüten). Daher kommt die in Frankreich von einem weichlichen Mann gebrauchte Redensart: Il se met au lit quand sa femme est en couches (Fr. Michel, le Pays Basque, Paris, 1857 p. 201).

Sollten wir demnach Torelore in Biscaya suchen, und hätte also das provenzalische Original unserer Erzählung die benachbarten Basken verhöhnt? Nach Ste=Palaye soll Turelure der Name des Landes um Aigues mortes an der Küste der Provence sein; in unserer Erzählung liegt jedoch Torelore nicht so nah an Beaucaire.

Man hat sich mit der Deutung jenes Brauchs manigfach beschäftigt. Der Eine erklärte ihn aus Gesundheits=rücksichten: daß die Frau sich Bewegung mache, um das überflüssige Blut im Körper zu verbrauchen (Esprit des Usages, Londres 1785, I. 256). Der Andere ist der Ansicht, daß der Mann zu Hause bleibe, um Mutter und Kind zu beschützen (Klemm. die Frauen, I. 24). Ein Dritter endlich kommt auf den wahrhaft schopenhauerischen Einfall, der Mann kasteie sich aus Scham und Reue darüber, einem Wesen seiner Gattung das Leben gegeben zu haben. (Boulanger, L'Antiquité devoilée par ses usages. Amsterdam 1766, I. 372.)

Nach meiner Meinung ist hauptsächlich der Umstand ins Auge zu fassen, daß der Mann die Glückwünsche der Besuchenden entgegen nimmt. Die

Couvade stammt aus jener Kulturperiode, wo, wie Fr. Michel (a. a. O.) treffend bemerkt, der Mann Alles, das Weib Nichts war. Selbst von der Geburt eines Kindes sollte das Weib nur die Mühsal, der Mann aber die Ehre haben. Sie war die Sklavin, er der Herr. Er allein hatte Rechte auf das Kind, er das einzige Verdienst um sein Dasein; denn was dem Weib davon gebührte, gieng über auf ihn, da sie selbst sein Eigentum war mit Leib und Leben. Das Kind existierte nur für ihn, nur durch ihn; er hatte es nicht bloß gezeugt, er hatte es auch geboren. Dieß sollte die naive Komödie vom Wochenbett des Mannes symbolisch ausdrücken.

5. **Admiral** vom arabischen Amir Fürst hatte im Mittelalter die Bedeutung von Sultan. Die spezielle Bedeutung Befehlshaber der Flotte soll es erst durch die Sizilianer und Genuesen empfangen haben. Diez, Romanisches Wörterbuch s. v. almirante.

6. **Jongleur**, altfranz. jogleor, pr. joglar. mittellatein joculator — wandernder Spielmann, Sänger und Erzähler.